Conni lernt die Uhrzeit

Eine Geschichte von Liane Schneider
mit Bildern von Janina Görrissen

CARLSEN

Gespannt packt Conni das kleine Päckchen aus, das Oma ihr mitgebracht hat. Ein Wecker! Blau, mit 12 Zahlen und 2 roten Zeigern. Conni freut sich. Jetzt kann sie ganz alleine aufstehen und weiß bald ohne Mama und Papa, wie spät es ist. Conni darf gleich die Uhrzeit einstellen. Der kleine rote Zeiger zeigt die Stunden an. Es ist jetzt genau 3 Uhr, deshalb kommt der kleine Zeiger auf die 3. Und der große? Conni schaut Oma fragend an. „Das ist der Minutenzeiger“, erklärt Oma. „Zur vollen Stunde steht er immer oben auf der 12.“

„Und wenn morgen früh der kleine genau auf der 7 und der große auf der 12 ist, klingelt der Wecker zum Aufstehen“, sagt Mama. Sie stellt mit dem dünnen weißen Zeiger, den Conni erst jetzt entdeckt, die Aufwachzeit ein. Dann legt sie eine Batterie in den Wecker. Schon zählt er die Zeit mit einem leisen Ticktack, Ticktack …

„Mama, Papa, aufstehen!", ruft Conni und stürmt ins Schlafzimmer. „Draußen ist es hell. Die Vögel zwitschern. Und der große Zeiger steht auf der 12." Conni ist hellwach.
Mama nicht. Verschlafen blinzelt sie auf den Wecker, den Conni ihr vor die Nase hält. Ja, der große Zeiger steht auf der 12, der kleine aber auf der 6. Es ist also erst 6 Uhr morgens! Zu früh zum Aufstehen, findet Mama. Conni soll sich noch etwas hinlegen.

Aber Conni kann nicht mehr schlafen. Sie schaut auf ihren Wecker und bemerkt die kleinen Striche zwischen den Zahlen. Der große Zeiger wandert langsam einen Strich weiter, der kleine scheint sich gar nicht zu bewegen. Conni spielt etwas mit Kater Mau, malt ein bisschen und dann muss sie mal.

Im Bad wäscht sich Conni mit viel Wasser und Seife. Mau putzt sich lieber ohne Wasser mit seiner Zunge und den Pfoten.
In ihrem Schrank sucht Conni nach ihrem Lieblingspulli. Er ist ganz unten im Stapel. Dazu zieht sie die blaue Hose von gestern an und Ringelsocken. Fertig! Nur die Schleife müssen Mama oder Papa noch binden.

Gerade als Conni zu ihnen laufen will, klingelt der Wecker. Der kleine Zeiger hat sich doch bewegt und steht nun genau auf der 7, der große auf der 12.

Jetzt ist es wirklich 7 Uhr.

Auch auf der Küchenuhr stehen die Zeiger genau wie beim Wecker auf der 7 und der 12. Papa bindet Conni die Schleife.

„Warum bewegt sich der kleine Zeiger weniger als der große?“, fragt Conni.

„Der kleine Zeiger zeigt die Stunden an. Deshalb braucht er auch eine ganze Stunde bis zur nächsten Zahl und 12 Stunden, also einen halben Tag, um einmal im Uhrenkreis herumzuwandern. Der große Minutenzeiger schafft den Kreis in nur einer Stunde“, erklärt Papa.

„Große sind eben schneller als Kleine“, lacht Conni. „Ich kann ja auch viel schneller laufen als Jakob.“ Und dann läuft sie zum Zähneputzen.

Papa bringt Conni zum Kindergarten. Als sie dort ankommen, ist es 8 Uhr. Gerade läutet die nahe Kirchturmuhr 8 Mal und der kleine Zeiger steht genau auf der 8.

Im Kindergarten holt sich Conni die große Lernuhr aus Holz. Hier kann sie die Zahlen selbst einsetzen. Zuerst will Conni die 1 nach oben legen, aber dann fällt ihr ein, dass beim Wecker und bei der Küchenuhr die 12 oben ist. Danach kommt die 1, dann die 2 und ganz unten die 6.

Als Conni alle Zahlen eingesetzt hat, hilft Hanne ihr, mit den Zeigern die Uhrzeit einzustellen. Es ist halb 9. Der kleine Zeiger kommt also genau zwischen die 8 und die 9, der große auf die 6.

Um halb 10 gibt es ein zweites Frühstück. Conni schiebt den kleinen Zeiger zwischen die 9 und die 10. Vor dem Essen sagen die Kinder noch ihren Spruch auf:

„Morgens früh um sechse
kommt die alte Hexe,
morgens früh um sieben
schabt sie gelbe Rüben …“

Conni erzählt, dass sie heute auch seit 6 Uhr auf ist.

Nach dem Frühstück startet heute um halb 11 eine Kinderolympiade. Wer kann am weitesten springen? Wer wirft die Gummistiefel am weitesten? Und wer läuft am schnellsten einmal um den Hof? Hanne misst die Zeit mit einer Stoppuhr. „1 Minute und 3 Sekunden. Toll, Conni!“, lobt Hanne. Aber Julia ist eine Sekunde schneller.

„Was ist eine Sekunde überhaupt?“, fragt Conni. „Die Zeit, die du brauchst, um einmal Nudelsalat zu sagen“, meint Lars. „Und wenn du das 60 Mal sagst, ist eine Minute um. Eine Minute hat nämlich 60 Sekunden und eine Stunde hat 60 Minuten.

Genau da läutet die Kirchturmuhr 12 Mal. Es ist 12 Uhr mittags. Eine halbe Stunde später holt Mama Conni ab.

Heute Nachmittag haben Mama und Papa frei und Papa hat Pizzateig vorbereitet. Conni belegt den Teig rundherum mit 12 kleinen Salamischeiben. „Jetzt haben wir eine Pizza-Uhr“, freut sie sich. Mama schiebt die Pizza in den Ofen. Conni soll Bescheid sagen, wenn der große Zeiger auf der 3 und der kleine hinter der 1 steht. Dann ist es Viertel nach 1 und die Pizza ist fertig.

Conni bekommt das erste Viertel, Jakob das zweite. Schon ist die Pizza halb alle. Mama nimmt sich auch ein Viertel. „Jetzt ist die Pizza-Uhr Viertel vor alle“, lacht Conni.
Nach dem Essen ist der kleine Zeiger der Küchenuhr kurz vor der 2 und der große auf der 9. Es ist Viertel vor 2.

Mama, Conni und Jakob gehen jetzt einkaufen. Puh, ist die Schlange an der Kasse lang. Conni guckt auf Mamas Uhr. Beide Zeiger stehen auf der 3. Es ist Viertel nach 3.

Als sie endlich aus dem Laden heraus sind, denkt Conni: Bestimmt ist eine ganze Stunde um! Aber Mama zeigt ihr auf der Armbanduhr, dass sie nur 5 Minuten gewartet haben. Der große Zeiger ist nur eine einzige Zahl weitergerückt, der kleine gar nicht.

Um Viertel vor 4 sitzt Conni glücklich auf ihrem Pony. Sie sollen im Uhrzeigersinn reiten. Conni weiß genau, was das heißt: rechtsherum, wie die Zeiger der Uhren. Aber warum ist die Reitstunde so schnell vorbei? Das waren doch höchstens 5 Minuten! Komisch, dass die Zeit mal so langsam und mal so schnell vergeht!

Papa holt Conni ab. Im Auto gibt es auch eine Uhr. Aber die hat keine Zeiger, nur Zahlen.
„Eins, sieben, null, null“, liest Conni ab, als sie zu Hause ankommen. „Was heißt das?“
„Es ist 17 Uhr“, sagt Papa. „Also 5 Uhr nachmittags. Viele digitale Uhren zählen nach 12 Uhr nämlich einfach weiter bis zur 24.“ Conni mag Uhren mit Zeiger lieber.

Zu Hause spielt sie noch etwas mit Jakob. Sie erklärt ihm die Uhr. Mit ihrem Wecker und mit ihren Armen.

„Siehst du, wenn beide Zeiger oben sind, ist es 12 Uhr.“ Conni hebt beide Hände hoch.

„Und wenn der große oben und der kleine auf der 1 ist, ist es 1 Uhr. Dann kommt 2 Uhr, 3 Uhr, 4 Uhr, 5 Uhr und wenn der kleine ganz unten ist, ist es 6 Uhr.“

Dabei lässt Conni ihren linken Arm langsam nach unten wandern.

„Ticktack“, lacht Jakob und hält sich den Wecker ans Ohr. „Ticktack“.

6 Uhr zeigt auch die Küchenuhr, als Mama zum Abendbrot ruft. Die Zeiger stehen genau so wie heute Morgen, als Conni aufgewacht ist. Aber jetzt ist es 6 Uhr abends. Mamas Handy zeigt 18.00 Uhr an. Doch nach dem Essen hat Conni genug von den Uhrzeiten.

„Sofakuschelzeit“, ruft sie. Diese Zeit mag Conni besonders gern, denn da kuschelt sich die ganze Familie auf dem Sofa zusammen zum Spielen, Lesen oder Filmgucken. Diesmal schläft Conni allerdings fast dabei ein, so müde ist sie. Um Viertel nach 7 klappt Mama das Buch zu. „Schlafenszeit“, sagt sie.

Conni schlüpft in ihren Schlafanzug und putzt sich die Zähne, genau 2 Minuten lang: Sie hat dafür eine kleine Sanduhr. Wenn der Sand durchgelaufen ist, sind 2 Minuten um.

Um halb 8 liegt Conni im Bett. Mama gibt ihr einen Gutenachtkuss. Papa liest noch eine Geschichte vor. Und noch bevor Papa zu Ende gelesen hat, ist Conni eingeschlafen.

Sie merkt gar nicht mehr, wie es draußen immer dunkler wird und der Mond aufgeht. Mau schleicht sich leise aus dem Haus. Ein Igel raschelt im Gebüsch. Eine Fledermaus geht auf Mückenjagd. Irgendwann schlägt die Glocke der Turmuhr 12 Mal: Es ist Mitternacht. Doch Conni schläft und träumt von Zahlen, die im Kreis tanzen, und Zeigern, die dazwischen herumhüpfen.

DIE UHR

Das Zifferblatt

Auf dem Zifferblatt siehst du die Zahlen von 1 bis 12. Die 12 steht ganz oben. Mit ihr zeigt der Minutenzeiger den Beginn und das Ende einer Stunde an. Die kleinen Striche oder Punkte zwischen den Zahlen stehen für die Minuten. Eine Stunde hat 60 Minuten.

Die Zeiger

Es gibt einen kurzen und einen langen Zeiger. Sie bewegen sich beide rechtsherum – man sagt auch „im Uhrzeigersinn“. Der kurze Zeiger zeigt die Stunden an, der lange die Minuten

Der Minutenzeiger
ist länger und bewegt sich schneller als der Stundenzeiger. In einer Minute wandert er von einem Strich zum anderen. Nach 5 Minuten ist er schon eine Zahl weitergerückt. Hat er sich einmal um den ganzen Kreis bewegt, ist eine Stunde um. An ihm kannst du auch ablesen, ob es „Viertel vor“ oder „Viertel nach“ oder „halb“ ist.

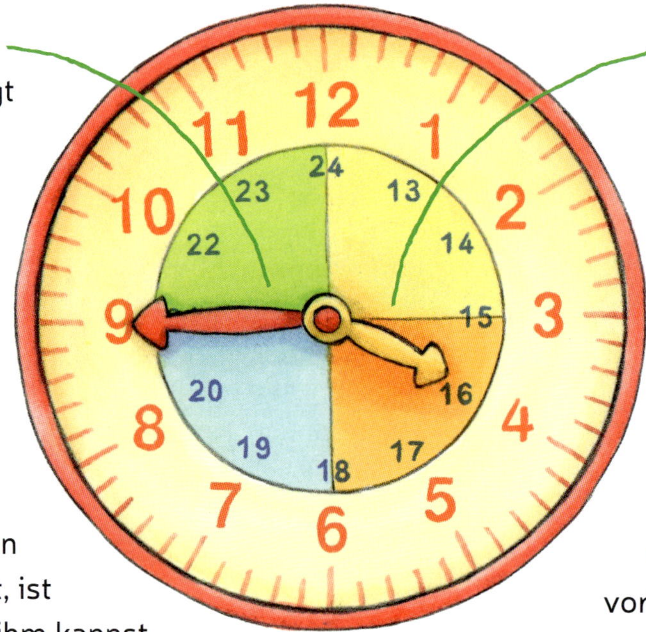

Der Stundenzeiger
Mit dem kurzen Zeiger kann man die Stunden ablesen. Er braucht 1 Stunde, um von einer Zahl zur nächsten zu wandern. In 12 Stunden bewegt er sich einmal um den ganzen Uhrenkreis, dann ist ein halber Tag vorbei. Ein ganzer Tag hat 24 Stunden.

Manche Uhren haben auch einen Sekundenzeiger. Er bewegt sich noch schneller als der Minutenzeiger. In einer Minute durchläuft er den ganzen Kreis. 5 Sekunden braucht er von einer Zahl bis zur nächsten. Eine Minute hat 60 Sekunden.